SUDOFLEURS

Sophie NIALB

© 2022, Sophie Nialb, Paris

Édition : BoD – Books on Demand, info@bod.fr

Impression : BoD – Books on Demand,
In de Tarpen 42, Norderstedt (Allemagne)
Impression à la demande

Dépôt légal: Août 2022

10.99 € TTC

ISBN : 978-2-3224-3177-9

Table des matières

Introduction

Le sudolettres est une grille formée de lettres, dérivée du sudoku, une grille formée de chiffres. Le but du sudolettres est de remplir la grille de façon à ce que chaque ligne, colonne et case contiennent les lettres qui composent le mot donné.

Dans ce livret, vous trouverez :

-13 grilles de sudolettres

-13 descriptions des fleurs proposées ainsi que des coloriages associés

-13 grilles de correction

Avertissement

Cet ouvrage n'est pas de nature scientifique, il ne donne que des indications générales sur les plantes et fleurs mentionnées. Pour plus d'informations, veuillez consulter un ouvrage plus spécialisé.

Mots de 6 lettres

Niveau facile

5 grilles

Credits: Alpinia zerumbet *Pink porcelain-lily* par
Tatiana Gerus sous CC BY 2.0, WikiMedia Commons

A	T	O	U	M	O
T			O	U	
	O	M			A
M		A		O	
	O		M		U

L'*Alpinia,* de son nom scientifique, est une plante à fleurs venue d'Asie qui pousse en région tropicale. L'espèce *Alpinia zerumbet* est également appelée *atoumo* (contraction de à-tous-maux en créole antillais) aux Antilles et possède des vertus médicinales : elle améliore l'état grippal, soulage la fièvre et favorise la digestion entre autres. Ses autres noms sont « gingembre coquille », « larmes de la vierge » ou encore « fleur de mon âme ». Elle s'utilise également sous forme d'huile essentielle.

Crédits : *Alpinia zerumbet ou gingembre coquille,*
Images ©, SuperColoring

Credits : *Centaurea cyanus* par Ed sous CC BY 2.0,
Wikimedia Commons

B	L	E	U	E	T
	T			B	E
E		E	L		
U			T		B
	E	B		U	

De son nom scientifique *Centeaurea cyanus ou cyanus segetum*, le bleuet encore appelé « bleuet des champs », ou « centaurée barbeau » est une plante dont les fleurs sont de couleur bleue tirant parfois sur le violet. Elle est originaire d'Europe et est également présente en Asie et Amérique du Nord. On l'utilise dans le monde de la cosmétique sous forme d'hydrolat (eau florale de bleuet ou hydrolat de bleuet) pour soulager la fatigue oculaire et décongestionner les yeux.

Crédits : *Bleuets (centaurées bleuets)* par Nata Silina sous CC BY 4.0, SuperColoring

Crédits: *Jasmin* par Cimsus sous CC BY-ND 2.0, Flickr

J	A	S	M	I	N
	S	J		A	
	N		J		I
M			S		J
S		N		M	

Le jasmin (***Jasminum***) est une plante orientale dont les principaux producteurs sont la Chine et l'Inde. Ses fleurs sont les plus utilisées en parfumerie, à égalité avec les roses. Le jasmin représente l'amour voluptueux et la sensualité dans les cultures de l'Orient. Il existe plusieurs variétés de jasmin dont les fleurs sont de couleurs différentes selon l'espèce.

Crédits : *Jasmins* par Nata Silina sous CC BY 4.0, SuperColoring

Crédits : *Trèfle* par HeungSoon, Licence Pixabay

T	R	E	F	L	E
F				E	L
	T	E	R		
	E		L		F
E		L		T	

Le trèfle du genre *Trifolium* est une plante dont les feuilles sont elles-mêmes composées de trois plus petites feuilles, des folioles (d'où son nom scientifique). Il est présent en Europe, en Asie, en Afrique du Nord ainsi que dans le sud du continent, en Amérique du Nord et au niveau de la cordillère des Andes. L'espèce la plus répandue est *trifolium repens*. La feuille de trèfle est fréquemment utilisée pour représenter l'Irlande, notamment lors de la fête nationale de la Saint-Patrick, le patron de l'île.

La légende dit qu'une feuille de trèfle à quatre folioles est un porte-bonheu !.

Crédits : *trèfle à trois feuilles irlandais* par Léna London sous CC BY 4.0, SuperColoring

Crédits : *Tulipe noire*, Domaine public, Flickr

T	U	L	I	P	E
	T	E			P
P			E	T	
		T		I	L
L	I		T		

La tulipe ou *tulipa* en latin est une plante à fleur originaire de l'Asie et plus précisément sur les côtes de la mer noire et s'est répandue en Europe, en Afrique du Nord et en Inde. Elle se décline en 120 espèces et est présente dans un panel de couleurs du rouge au jaune en passant par le noir ou le bleu.

La fleur est un symbole culturel en Hollande et symbole national en Turquie.

Mots de 8 lettres

Niveau moyen

4 grilles

Crédits : *Heliconia caribaea* par David Stang sous CC
BY 4.0, Wikimedia Commons

B	A	L	I	S	I	E	R
	B		S		L		
L				B		S	
		B				L	S
	L	S					B
			L		S	B	
	S		B				L

Le balisier est une plante originaire de l'Amérique tropicale et des îles du Pacifique. Il se cultive dans un climat tropical, est très présent dans la Caraïbe (Cuba, Haïti, Porto Rico, Jamaïque) et en particulier aux Antilles françaises (Guadeloupe, Martinique). Le genre majoritaire est *Heliconia caribaea*. Il en existe un autre dont le nom scientifique est *Canna*.

Crédits : *Heliconia tropicales et exotiques*, Libre de droits, Alamyimages

Crédits: *Hibiscus* par Matthew Dillon sous CC BY 2.0,
Flickr

H	I	B	I	S	C	U	S
	B	H	C				
				H	B		C
	H	C				B	
B				C	H		
C			B				H
			H			C	B

22

L'hibiscus est une plante à fleurs qui comprend plus de 200 espèces et 30 000 variétés. Les plus connues sont *l'hibiscus syriacus* communément appelées althéa et *l'hibiscus rosa-sinensis* ou encore Rose de Chine. La première est la fleur nationale de la Corée du Sud tandis que la seconde est celle de la Malaisie (bunga raya). L'hibiscus est originaire de Chine et d'Egypte et s'est progressivement déployée sur le reste du continent africain, américain, dans les Caraïbes et en Europe. Selon sa variété, l'hibiscus aurait des vertus digestives, aphrodisiaques, cosmétiques et contre les maladies cardio-vasculaires.

Crédits : *Hibiscus, Thème hawaïen* par Lena London,
Œuvre dérivée sous CC BY 4.0, SuperColoring

Crédits: *Orchidée* par GillyBerlin sous CC BY 2.0,
Flickr (orchidée phalaenopsis)

O	R	C	H	I	D	E	E
D	H			C			
			C		H	D	
H						H	D
C			D			C	
	C	H		D			
	D			H			C

L'orchidée de la famille *Orchidaceae* en latin est une plante tropicale, largement présente dans l'hémisphère sud (Amérique Latine, Afrique, océan indien, Australie, Nouvelle-Zélande). Il existe plus de 30 000 espèces d'orchidées. L'orchidée est assimilée à la ferveur dans le langage des fleurs. L'orchidée est une fleur dont la signification est très liée à l'amour, d'ailleurs les noces d'orchidée sont assimilées à 55 ans de mariage. En outre, selon la couleur de la fleur, le message adressé varie. Par exemple, une orchidée jaune symbolise l'amitié et la joie et une orchidée rose la grâce et le bonheur.

Crédits : *Orchidée* par Lena London sous CC BY 4.0, SuperColoring

Crédits : *Viola odorata* par Strobilomyces sous CC BY-SA 3.0

V	I	O	L	E	T	T	E
	V		T				T
			T	V			T
		T	V			T	
	T			T	V		
T					T		V
	T	V		T			

La violette est une plante du genre *viola* qui vient d'Europe et est présente sur les continents africain, européen et américain. Selon la disposition de ses feuilles, elle est nommée « pensées » ou « violettes ». D'ailleurs, elle revêt bien d'autres couleurs que le violet. Elle existe en bleu, rose, noir ou plus rarement en rouge vif. On dénombre environ 500 espèces réparties sur tout le globe. On l'utilise en cuisine, parfumerie et dans la médecine traditionnelle chinoise

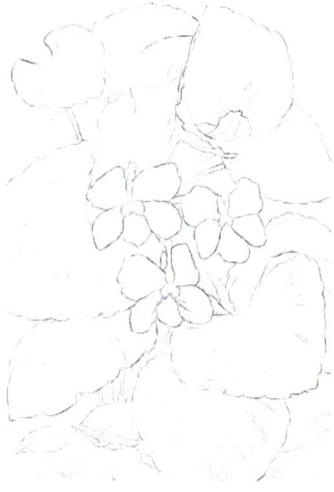

Crédits : *Violettes des bois,* par Yulia Znayduk, Œuvre dérivée sous CC BY 4.0, SuperColoring

Mots de 9 lettres
Niveau difficile
4 grilles

Crédits : *Allamanda cathartica* par Pancrat sous CC
BY-SA 1.0, 2.0, 2.5, 3.0, Wikimedia Commons

A	L	L	A	M	A	N	D	A
		A		A		A		A
		A			A	A		A
A	A			A	A			
A	A		A				A	
	A	A	A			A		
			A	A		A	A	

L'allamanda est une plante grimpante originaire de l'hémisphère sud, l'Amérique Centrale et du Sud plus précisément, et qui pousse dans des zones ensoleillées. Il en existe plusieurs espèces telle *l'allamanda cathartica*, très présente aux Antilles, dont les fleurs sont jaunes et elle est aussi nommée liane à lait ou trompette d'or ou encore *l'allamanda blanchetii* qui est de couleur rose pouvant tirer jusqu'au violet.

Crédits : *Allamanda noir et blanc*, par Alisa Pravotorova, libre de droits, Alamyimages

Crédits : *Fleur camomille* par Saravet18 sous CC BY-SA 4.0, WikiMedia Commons

C	A	M	O	M	I	L	L	E
A		I	E					O
E			A	O		I		
		O		I		E		A
I	E				O		A	
		A	I	E			O	
	O				A		E	I

La camomille romaine, simplement appelée camomille, est une plante originaire d'Afrique du Nord et de la façade atlantique de l'Europe. Son nom scientifique est *Chamaemelum nobile.* Elle possède des vertus médicinales, culinaires et cosmétiques, telles celles d'éclaircir et d'apporter des reflets blonds aux cheveux. Il existe d'autres plantes également nommées camomille dans leur localité, il s'agit de la « petite camomille » *Matricaria recutita* et de la grande camomille *Tanacetum parthenium*. Elle ressemble beaucoup à la marguerite qui fait partie de la même famille, celle des Astéracées.

Crédits : *Fleur camomille* par ksenyasavva, libre de droits, 123rf

Crédits : *Jonquille en mars* par Thomson sous CC BY-SA 4.0, WikiMedia Commons

J	O	N	Q	U	I	L	L	E
E		O			U		I	
	I				O	E	U	
		U	I		E			O
U				E			O	I
O				I		U	E	
I	E		U	O				

La *Narcisa jonquilla*, couramment appelée jonquille en français, vient d'Espagne et du Portugal. La jonquille fait partie du genre des Narcisses, si bien qu'on désigne par jonquille une fleur qui ne l'est pas vraiment, qui fait juste partie du genre Narcisse. Elle est utilisée en parfumerie de luxe.

Crédits : *Jonquille* par Nata Silina sous CC BY 4.0, SuperColoring

Crédits : *Heliantus annuus* par Vengolis sous CC BY-SA 4.0, WikiMedia Commons

T	O	U	R	N	E	S	O	L
U			E		O			O
	O		U			E	O	
E		O		O				U
	U		O			O		E
O		O		E		U		
	E		O		U	O		

Le tournesol *(Heliantus annuus)* est une plante qui fait partie de la famille des Astéracées (comme la camomille !) mesurant jusqu'à 4m de hauteur et ses fleurs sont généralement jaunes. C'est une plante héliotropique, ce qui signifie qu'elle suit la direction du soleil tout au long de la journée. Cette réaction botanique permet à la plante de jouir d'un meilleur ensoleillement. Le tournesol est une plante utilisée dans l'alimentation humaine sous forme de graines et d'huile.

Crédits : *Tournesols* par Nata Silina sous CC BY 4.0, Supercoloring

Correction

Mots de 6 lettres

A	T	O	U	M	O
O	M	U	A	T	O
T	A	O	O	U	M
U	O	M	T	O	A
M	U	A	O	O	T
O	O	T	M	A	U

B	L	E	U	E	T
E	U	T	B	L	E
L	T	U	E	B	E
E	B	E	L	T	U
U	E	L	T	E	B
T	E	B	E	U	L

J	A	S	M	I	N
N	M	I	A	J	S
I	S	J	N	A	M
A	N	M	J	S	I
M	I	A	S	N	J
S	J	N	I	M	A

T	R	E	F	L	E
E	L	F	E	R	T
F	E	R	T	E	L
L	T	E	R	F	E
R	E	T	L	E	F
E	F	L	E	T	R

T	U	L	I	P	E
E	P	I	U	L	T
I	T	E	L	U	P
P	L	U	E	T	I
U	E	T	P	I	L
L	I	P	T	E	U

Mots de 8 lettres

H	I	B	I	S	C	U	S
U	C	S	S	B	I	H	I
I	B	H	C	I	U	S	S
S	U	S	I	H	B	I	C
I	H	C	S	I	S	B	U
B	S	I	U	C	H	S	I
C	I	U	B	S	S	I	H
S	S	I	H	U	I	C	B

Mots de 8 lettres

B	A	L	I	S	I	E	R
S	E	I	R	L	B	I	A
I	B	E	S	A	L	R	I
L	R	I	A	B	E	S	I
A	I	B	E	I	R	L	S
R	L	S	I	E	I	A	B
I	I	A	L	R	S	B	E
E	S	R	B	I	A	I	L

Mots de 8 lettres

O	R	C	H	I	D	E	E
E	I	D	E	R	C	O	H
D	H	O	I	C	E	R	E
R	E	E	C	O	H	D	I
H	O	I	E	E	R	C	D
C	E	R	D	E	I	H	O
I	C	H	O	D	E	E	R
E	D	E	R	H	O	IS	C

Mots de 8 lettres

V	I	O	L	E	T	T	E
T	E	T	E	L	O	V	I
L	V	I	T	O	E	E	T
E	O	E	T	V	L	I	T
O	L	T	V	I	E	T	E
I	T	E	E	T	V	L	O
T	E	L	I	E	T	O	V
E	T	V	O	T	I	E	L

Mots de 9 lettres

A	L	L	A	M	A	N	D	A
M	N	D	L	A	A	L	A	A
A	A	A	N	L	D	M	A	L
N	M	A	D	A	L	A	L	A
D	L	A	L	N	A	A	M	A
A	A	L	M	A	A	L	N	D
A	A	N	A	L	M	D	A	L
L	A	A	A	D	N	A	L	M
L	D	M	A	A	L	A	A	N

Mots de 9 lettres

C	A	M	O	M	I	L	L	E
L	I	L	C	A	E	O	M	M
O	M	E	L	L	M	A	I	C
A	M	I	E	L	C	M	L	O
E	C	L	A	O	M	I	M	L
M	L	O	M	I	L	E	C	A
I	E	C	L	M	O	M	A	L
M	L	A	I	E	L	C	O	M
L	O	M	M	C	A	L	E	I

Mots de 9 lettres

J	O	N	Q	U	I	L	L	E
Q	U	I	E	L	L	O	J	N
L	L	E	O	N	J	I	Q	U
E	J	O	N	Q	U	L	I	L
N	I	Q	L	L	O	E	U	J
L	L	U	I	J	E	Q	N	O
U	Q	J	L	E	L	N	O	I
O	N	L	J	I	Q	U	E	L
I	E	L	U	O	N	J	L	Q

Mots de 9 lettres

T	O	U	R	N	E	S	O	L
R	S	E	T	O	L	N	U	O
O	N	L	S	U	O	T	E	R
U	R	T	E	S	O	L	N	O
N	O	S	U	L	R	E	O	T
E	L	O	N	O	T	R	S	U
L	U	N	O	R	S	O	T	E
O	T	O	L	E	N	U	R	S
S	E	R	O	T	U	O	L	N

Dépôt légal : septembre 2022